Tilo Schwalbe

Aus dem Dunkel

Gedichte 1993 – 2018

Autor: Tilo Schwalbe
Umschlaggestaltung: Tilo Schwalbe

Verlag: tredition GmbH, Halenreie 40-44, 22359 Hamburg
ISBN (Paperback):   978-3-7469-5933-7
ISBN (Hardcover):   978-3-7469-5138-6
ISBN (e-Book):   978-3-7469-5139-3
Gedruckt in Deutschland

Bibliografische Information der Deutschen Nationalbibliothek: Die Deutsche Nationalbibliothek verzeichnet diese Publikation in der Deutschen Nationalbibliografie.

Gedichte

aus Jahr und Garten

Abends

Gib mir einen Garten mit Abendsonne!
Wie Spinnweb werden die Stunden mir sein;
dann lebt dort ein Frieden im milden Schein,
zwischen Lärche, Laube und Regentonne.

Gib dieses Gespinst der späten Stunden
in Demut und dankbar zu Anderen fort.
Der Moment zwingt Ruhe. Am magischen Ort
hab ich meiner Zeiten Mitte gefunden.

Allein dieses Licht im Ruch der Bäume,
nimm mit in den leise nahenden Tag.
Das Leben ist einfach, wenn man es mag.
Es gibt nur die Träume. Und Zwischenräume.

Vorfrühling

Der Garten wartet in den Feldern.
Sauber ist die Sonne schon.
Wer kann die Schneeglocke wecken?
Im Februar ist noch kein Frühling.

Die Felder sind des Gartens Zierde.
Die Krume dessen Lebenskraft.
Wenn die wilden Stürme peitschen
ist die Laube eine Höhle.

Junger Matsch und grauer Schnee;
nur alte Wege sind sicher.
Die sturen Triebe bestehen in
diesen unsteten Winden.

Geschmolzen sind es Eises Lasten.
Geblieben ist das junge Gut.
Es bog sich nur, es brach nicht;
es gab nach und widerstand.

Letzte Grüße des Fliehenden.
Seine allerbeste Zeit war heute.

Doch war die Plage wohl umsonst:
Noch grünt keine Flur.

Die Sonne wird mit Sicherheit
alle Schneeglocken wecken.
Schon der Krokus ruft leise:
Der Garten wartet in den Feldern!

Im Lenz

Es sind die Morgen klamm und fahl
und Tage, die Novembern gleichen,
doch blüht die Hecke, stehn die Eichen
noch kahl.

Ich krieche tief in meinen Pelz
und lasse diese Stunden kreisen,
denn mir, da sie zum Sommer weisen,
gefällts.

Sommerabend

Sacht wehen des Abends milde Winde
durch das offene Fenster herein.
Nach Feldern und Erde, Harz und Rinde,
der Ruch des Landes, wie herber Wein.

Es dreht sich das Jahr im leisen Reigen,
des Sommers Tage tanzen vorbei.
Die späten Stunden des Fallens schweigen,
denn wo keine Angst, ist auch kein Schrei.

Es blüht der Stock und es reift die Traube
und daß die Zeit sich nicht bannen läßt,
ist vergessener uralter Glaube.

So bleibe noch hier in des Gartens Nest.
Ruh' dich aus in der stillen Laube
und fang den Moment. Halt ewig ihn fest.

Gartenzeit

Tausend Gartentage jährlich
und immer soll es Sommer sein,
voll Kräutern, Beeren, Wurzeln, Wein
und Abenden, die unentbehrlich.

Tausend Gartentage täglich,
ein jeder voller Duft und Klang,
voll Blumengruß und Vogelsang
und voller Freuden, die unsäglich.

Tausend Gartentage stündlich,
die wir erleben und verlassen,
unbekümmert strahlen lassen.
Sie sind Gnade, hiervon künd ich.

Tausend Gartentage immer.
Wer Dinge, die uns nähren, pflegt,
der ist, wenn er den Garten hegt,
in eines Gottesdienstes Schimmer.

Tausend Gartentage leben
und jeder will ein schönster sein;

bei Kräutern, Beeren, Wurzeln, Wein
ist alles Schaffen nur ein Schweben.

Im August

Der Sommer gibt Lieben und Leiden
in Fülle dem ganzen Land.
Geht durch dieses sich finden, sich scheiden
ein Mensch und noch leer dessen Hand?

Ich bin meine eigne Geschichte,
ein langsam wachsendes Licht;
such' im Bodensatz aller Gedichte
noch immer nach deinem Gesicht.

Es wird uns der Sommer verlassen,
doch trauen wir nur dem Glück.
Wer kann fliegende Jahre sonst fassen
und Schmerz bringt nie Gutes zurück.

Vor dem Gewitter

Die Bäume sind leise, es raschelt kein Blatt,
die Schatten der Kerze, fast stehen sie still.
Das Leben ebbt ab und ist müde und matt
und alles kehrt heim, was da heimgehen will.

Die Grillen nur klagen dem Tage noch nach,
dessen letztes Licht sich verkriecht hinterm Berg,
denn balde sind nur die Schläfer noch wach;
gehen nimmermüd an ihr ewiges Werk.

Dann durchfeuert ein erstes Leuchten die Nacht
und der Vorhang sich hebt für das große Stück.
Ein flüsterndes Grollen uns leise verlacht
und alles fällt wieder ins Dunkel zurück.

Jedes Leben ist nur noch ein Augenblick
und das, was uns klein war, wird nun riesengroß.
Es ist das Pulsieren, Sekunden vorm Glück:
Aller Atem verhält, denn jetzt bricht es los.

Dank dem Sommer

Es lacht mir der Duft aus dem Garten
im fallenden Jahre noch leis
und sicher ist nur, daß ich weiß:
kann furchtlos auf den Abend warten.
So danket den Tagen, den warmen.
Sie streicheln mit zärtlichem Hauch.
Danket all dem Seienden auch
und dankt dem Herrn für sein Erbarmen.

Die Saat ist schon lang in der Scheuer,
die Felder sind nackend und bloß,
doch der Sommer ist uns noch groß
und fern der Winter Ungeheuer.
So danket den Nächten, den warmen,
in der jede Fährnis gebannt.
Danket dieser kosenden Hand
und dankt dem Herrn für sein Erbarmen.

Uns wird es noch manches bescheren:
Das einfache Leben bring Glück.

Wer fordert bekommt nichts zurück,
der schluckt und erstickt am Begehren.
So danket den Jahren, den warmen.
Ein Menschenschicksal, das ist weit.
Danket in Demut alle Zeit
und dankt dem Herrn für sein Erbarmen.

Regengebet

Der Sommer trägt ein härenes Kleid,
die Glut schreit auf Plätzen und Wegen,
der Wald gibt Schatten zur Tageszeit.
Oh Herr, gib uns Regen!

Das Leben nährt, was Leben verbrennt;
was wachsen soll, soll sich nicht legen.
Der Landmann nur ein Gebet noch kennt:
Oh Herr, gib uns Regen!

Nimm uns nicht Hoffnung und grünes Land!
Wir sind nur dumm und nicht dagegen,

denn stirbt die Erde, stirbt Herz und Hand.
Oh Herr, gib uns Regen!

Ist deine Gnade groß wie die Welt,
laß Fluch nicht werden deinen Segen!
Bewahre, was uns am Leben hält!
Oh Herr, gib uns Regen!

Die letzten Tage

Des Jahres allerschönste Tage,
die letzten Tage im August.
Des Daseins allerschönste Frage:
Ein Tagwerk voller Lebenslust.

Ist dieser Sommer nun im Schwinden
und geizt das Leben auch mit Licht;
kann dieser Sommer es verwinden,
geht dieser Sommer lang noch nicht.

Die Sommer sollen immer bleiben,
unendlich viele Monde lang.

So lasset mich doch ewig schreiben,
von Blüten und vom Vogelsang.

So klingt das Lied der stillen Bäume.
So tönt das Licht am Nachmittag.
Hier leben alle süßen Träume
in meiner Sehnsucht, die ich trag.

So strahlt das Leben hier im Walde,
von lauten Städten weit entfernt,
auf meine Träume, die auch balde
vom Himmelszelte sind besternt.

Ich atme tief und lebe freier.
Es ruht ein Bild in meiner Brust.
Sie bleiben Trauer mir und feier,
die letzten Tage im August.

Herbstlied der Kinder

Pilzesuchen, Drachensteigen,
fröhlich hüpfen Ringelreigen.
Durch das Laub des Waldes toben,
das vom Sturm emporgehoben.
Wie er an den Mützen zieht
und mit sich fortnimmt dieses Lied!
Refr.:　　　　freude ist uns Herbsteszeit,
　　　　　　ob des Waldes buntem Kleid
　　　　　　und der Ernte Heiterkeit.
　　　　　　Ist Sankt Martin nicht mehr weit:
　　　　　　freude ist uns Herbsteszeit.

Springen durch die Blätterhügel,
dieser Wind gibt uns die flügel,
Mutter Erde zu verlassen
und nach Mondes Mütze fassen.
Seht, sein fahles Licht bestrahlt,
was sonst die Sonne angemalt.
Refr.

Tanzt die Motte Allerseelen,
wirds an Schnee und Eis nicht fehlen.
Doch freut uns bald des Winters Pracht,
wie freut uns erst die Heilig Nacht
und wenn neu das Jahr erwacht,
welch Freude, wenn die Sonne lacht.
Refr.

Oktoberlied

Ich bade in Blättern, in goldenem Fallen
und schmücke mit Eicheln mir und Tannenreiser
die lockige Haarpracht; laß Balzrufe schallen
und dünke mich wissend und bin doch nicht weiser.

Hoch in den Wipfeln, wo die Raubvögel horsten,
wo die Winde mich tragen, bin ich zu Hause
und tauche voll Jubel zum Grunde der Forsten,
und finde im Moose nun heimliche Klause.

Hier endlich sind Gleise zur Mitte der Erden,
wo Nächte mir harren, wer mag sie beschreiben?

Mein Lichtgesang kann mir doch Sonne nicht werden
und trotzdem will wintertags lange ich bleiben.

Ich rolle zusammen, bin siebenfach Schläfer
in diesen Kavernen voll Moder und Schatten
und mache gemein mich mit Wurm und mit Käfer,
bin Atzung ich für das Geziefer der Ratten.

Bald steige ich wieder, bin eine der Parzen.
Ich klopfe Kastanien auf all eure Dächer.
Meine Hand läßt lauthin totes Astwerk knarzen,
doch das Blätterdach birgt mich tagtäglich schwächer.

So entfährt meinem Mund ein herbstliches Singen.
Ihr staunt aller Pracht des gefiederten Leibes.
Ihr seht wie ich breite raumgreifende Schwingen
und suche im Sturzflug den Körper des Weibes.

Darin will ich ruhen! Dorthin muß ich wallen!
Nach den Liedern der Jagd ist die Brunft nicht leiser.
Ich bade in Blättern, in goldenem Fallen
und dünke mich wissend und bin doch nicht weiser.

Im November

Verschreckt,

versteckt,

im Rosengarten,

ein flüchtiger Schemen in Schatten getaucht,

wird warten. Wird harren und hoffen.

Vergebens. Keiner ihn braucht.

Und so kommt auch der Herbst allen Lebens

hier ins Idyll.

Grau hängt es im Wald, zwischen ragenden

Sparren

ist keine Bewegung. Nur feiner Regen

näßt die Erde, wie seit Ewigkeiten endlos.

Auch der Rosengarten schweigt, umgibt sich mit

neuen Geheimnissen.

Auf brachen Flächen und weitem Feld,

das letzte Licht sich tief verneigt.

Lang wird die Erde es missen.

In murmelnden Bächen tausende Tränen:

Das Weinen der Welt,

ein ewiges Lied.

Nichts mehr bindet. Nichts mehr hält.
Ein Abschied für alles, das geht und geh'n will:
November ist's
und zeitstill.

November in der Laube IV

Abends, wenn wir stille sind,
geht um die Laube nur der Wind,
ist innen alles frieden.
Die Kinder nun in tiefem Schlaf,
sogar das Weibchen ist jetzt brav
und alle sind zufrieden.
Die Straße rauscht von unten her.
Viel lieber rauschte mir das Meer,
dann säße ich am Strande.
Dann führe morgens ich hinaus,
dann käme abends ich nach Haus.
Ein Traumsandfischer auf dem Lande.
Die Netze brächten manches mir
und was ich find', das brauch' ich hier,

in meiner Schifferlaube.

Und ist das Teilchen noch so klein,

ich bau es gleich ins Dingsbums ein.

Dann deckt mich Schlafes Haube.

November in der Laube VII

Das Feuer verglomm, / die Laube wird kalt.

Ob ich wiederkomm' / in diesen Wald?

Wenn der Frühling kommt / zu Mensch und Tier,

wenn die Amsel singt, / bin ich wieder hier.

Jetzt ziehen Nebel / durch kahles Geäst.

Es ist ein Webel / der frieren mich läßt.

Unflätig am Schuh / klebt nasses Laub

und gibt keine Ruh'. / Ein Sommernachtsstaub.

Ein fahler Vollmond, / Geräusche der Nacht,

nur einer hier wohnt / und keiner mehr wacht.

Doch alles Gescherr / kricht blind in der Spur.

Wacht unser der Herr, / birgt uns die Natur.

Wenn Frühlingslieder / ertönen bald,

komme ich wieder / in diesen Wald.

Vergehend

sichtbar
werden sie von Tag zu Tag bunter
die Bäume im Park am Rande der Stadt

lauter
raschelt unter den Füßen
ein Laub, das vom nahen Abschied zeugt

tiefer
die Spiegelbilder am Boden
in denen fortlaufend ich mich sehen muß

kälter
werden sie sterndunklen Nächte
durch die mich mein Weg zum Ende hinführt

warum nur
stirbt alles so gern im Herbst
ich hab noch kein Leben zu Ende gebracht

Choral

In kalter Pracht die Weihenacht.
An des Jahres dunklen Tagen
klingen altbekannte Sagen.
fürchtet nicht! Gott ist Licht.

Im Kirchenraum erstrahlt ein Traum:
Möge heute niemand frieren,
niemand einen Freund verlieren.
fürchtet nicht! Gott ist Licht.

Zum Stern empor erklingt ein Chor:
Jede Sorge ist verloren,
ist uns neu der Herr geboren.
fürchtet nicht! Gott ist Licht.

Der Freudentanz im Kerzenglanz:
In des hohen Domes Stille
stärkt sich aller Menschen Wille.
fürchtet nicht! Gott ist Licht.

Das wunde Herz verliert den Schmerz.
Alle werden Wärme finden.

Sich in Liebe alles binden.
Fürchtet nicht! Gott ist Licht.

Im hellen Schein ein Ganzes sein.
Einmal sich nach oben graben.
Einmal Freude um sich haben.
Fürchtet nicht! Gott ist Licht.

Am hohen Turm bricht sich der Sturm.
Alle Seelen sind betroffen.
Alle Menschenherzen hoffen.
Fürchtet nicht! Gott ist Licht.

Heilige Nacht

Hohe Nacht, so klar und weit;
Lichterglanz in finstrer Zeit:
Kerzenschein bei Dunkelheit.

Alle Augen sehn empor:
In der Sterne kaltem Flor
öffnet sich das Himmelstor.

Gottes Licht zur Erde zeigt,
voller Demut jeder schweigt:
Christuskind hernieder steigt.

Jedes Menschenherz sich freut
und getröstet, wer gebeut:
Er ist neu geboren heut.

Diese Botschaft jeder teilt:
Gottessohn hinieden weilt.
Einer alle Wunden heilt.

Vater unser, der stets wacht,
Hoffnung Du und Himmelsmacht,
Dein ist aller Tage Pracht.

Hohe Nacht im Kerzenlicht,
heller Schein im Angesicht:
Gehet hin und fürchtet nicht!

Gedichte

von draußen

Vom Grunde

Tief in der Nacht ruht alles Werden,
wenn der Gedanke Worte zwingt.
Musik von fernher leise klingt.
Voll steht der Mond über den Erden.

Tief im Schatten, das Reich der Sinne,
wo der Gedanke ewig singt,
den Tau von Dunkelblumen trinkt
und daraus flicht ein Lied der Minne.

Tief in Stille ruht alles Leben,
als eine Laune Träume bringt
und nebelgleich davon sich schwingt.
Will anderswo an Andrem weben.

Tief in der Zeit ruht der Gedanke,
der unter Brüdern nie versinkt,
weil weithin ja sein Leuchten winkt,
daß knospend er empor sich ranke.

Abfall

Willkommen im Lande der Hüllen.
Hier sind die Zombies an der Machht,
man hört sie schreien, hört sie brüllen
nur am Tag. Sie schweigen bei Nacht.

Die Ghettos wurden bunt gestrichen,
die Penner alle glattgeleckt.
Die Ehrlichkeit ist längst gewichen
und hat sich kichernd weit versteckt.

Ein neues Spiel und kein Verlierer,
die Seifenopern schmecken fad.
fies grinst der große Abkassierer:
Nur kaltes Wasser noch im Bad.

Und Gott mit seinen zwölf Zylindern,
mit Klima, A.B.S. und Kat;
wird dieser Gott das Elend mindern,
in Afrika, in deiner Stadt?

Die fremden werden fremde bleiben,
doch ferne wollt ihr wie das Brot.

Die Heimat in die Sterne schreiben
heißt ihr weise. Ich sage: Idiot.

Ihr pflegt und hegt das Periphere.
Ist euer Herz dabei in Schutt,
ist Vakuum Gedankenschwere,
ist euer Wertsystem kaputt.

Sind Leben, Lieben, Leiden, Hassen,
nur Dinge einer Fernsehschau,
sind eure Seelen nicht zu fassen,
wißt alles ihr und nichts genau.

Worte werden die Welt nie ändern,
folgt ihrer nicht der Taten Pracht.
In diesen wie in allen Ländern
muß man schlafen bis zur Nacht.

So bleibt im Unklang, lebt im Warmen.
Bei Regen setzt euch Hüte auf.
Sind selbst an Armut schuld die Armen
und hoch die Tasse, Nachbar, sauf!

Sehen

die Hand an den Horizont gekrallt
nur wenige Worte gefunden
wohin führt der Weg
ich will es nicht wissen
kann mir keiner sagen
wie das wirklich ist

Ödland gibt dem Tritt nichts Preis
Blut wird niemals Burgunder
wohin führt der Weg
die Mitte ist unten
wo nichts mehr erhebt
wie wirklich das ist

die Welt ist plan und kein Gebirg
Stahlbeton bis Ätherende
alles ist Weg
unbegrenzt eben
niemand kann sehen
daß alles um uns so unwirklich ist

Harte Zeiten

Es kommen härtere Zeiten,
viel kälter weht schon der Wind
und kahl und karg sind die Weiten,
in denen zu Hause wir sind.

Uns nähren nicht bunte Blätter.
Uns nähret kein dürres Laub.
Uns hilft kein himmlischer Retter
und wenn es ihn gäb, er wär taub.

Uns schützen die krummen Gassen,
die Faust und ein gutes Wort.
Wer allein bleibt, ist verlassen,
zerrieben, verweht und hinfort.

Es heißt, den Weg weitergehen,
wenns flehend allsonst erstarrt.
Dem gilt es zu widerstehen:
Die Zeiten, die kommen, sind hart.

Autodafee

Sie haben die Instrumente gezeigt
und die Stimme sah es und wollte schreien,
doch könnt' sie es nie der Seele verzeihen
und schweigt.

Sie zwingen die Sprache voller Gewalt,
zu morden damit das wahrhafte Sinnen,
doch auch wenn sie schreien, so sind sie innen
ganz kalt.

Sie haben rasselnd mit Scheiter gedroht
und damit, die Haut am Leibe zu gerben.
Wer aus ihrer Hand fiel, muß lange sterben
vorm Tod.

Sie haben mit Lüge verdünnt das Wort
und sind die Meister der fauligen Phrase.
Wacht endlich auf und ein Morgenwind blase
sie fort!

Raum

Am Rande des Verstandes fallen Sterne
vom weiten Himmelsschädeldach herab.
Die Grenzen des Begreifens in der Ferne.
Der Widerschein gibt keine Wärme ab.

In Raumestiefen innerster Gedanken,
das Licht der Sonnen selbst reist lange Zeit,
ist nie gleich hell, trotz immer offner Schranken
und niemals wahr, fünf Dimensionen weit.

Wenn einst wird dieses Universum sinken,
es kann bis dahin nur gewachsen sein,
dann grüßt es noch der hellen Brüder blinken.

Kein Leuchten bleibt in diesem Raum allein,
wird reflektierend voneinander trinken:
Das Licht von All und Mensch sich bricht im Wein.

Müder Prolet

wer bist du

Verleugnender

Zeit seines Daseins sich quälender Mensch

der im Schweiße seines Angesichtes sein Brot erbettelt

seine Gedanken verzehrt

und langsam verglimmt

doch es schmerzt nur am Anfang

der Rest ist ein Schweigen

getreten, geschlagen, gepeinigt, gequält und verspottet

noch immer wir sind

zu unentschlossen

was fehlt, das ist der Wille zur Tat

doch Angst vor jeder Veränderung

bezwingt man schwerlich durch Gewalt

all die Menschen ohne Hoffnung

die noch immer schweigend leiden

und heut nicht mehr zu wecken sind

werden erwachen

wenn der Schrei nach Liebe Stahl wird
zu aller Unrecht Ende
am flammenden Morgen

daß der Mensch wieder nur dem Menschen gehört
Herr seines eigenen Willens
das ist doch ein Ziel
so steh endlich auf
es schmerzt nur am Anfang

Folg mir nicht

folg mir nicht in meine Welt,
sie wird dir fremd und dunkel sein,
denn kniest du nieder, bist du klein
und siehst nur, was dir gefällt.

folg mir nicht, bleib draußen stehn.
So mich deine Taten dauern,
blindes Rennen gegen Mauern,
niemals wirst du drübersehn.

Du wirst jederzeit verliern.
Ein Mensch und bar der Phantasie,
glaub nicht, du könntest ohne sie
einfach weiterexistiern.

Sieh nach unten, bleibe dort.
Im Kehricht ist dein rechter Platz,
gestaltgewordner Bodensatz.
Das ist dir ein guter Ort.

Fliehe dem, das dir scheint fremd
und wenn es Nacht wird, geh zu Bett.
Sei gottesfürchtig und adrett.
Freu dich auf dein letztes Hemd.

Bleibe draußen, folg mir nicht.
Das Haupt erhoben, nicht mehr klein,
will ich ohne dich künftig sein:
Dir scheint Sonne, mir das Licht.

Ein Wunsch

Die Weisen von oben,
sie preisen und loben,
das Wachsen und Werden
und friede auf Erden.

Wer achtet die Zeichen,
wer trachtet zu gleichen,
dem Schwächsten der Herden,
nach friede auf Erden?

Wer will da verharren?
Es sollte den Narren
gegeben doch werden,
der friede auf Erden.

Der Kleinen sind viele.
Es einen die Ziele:
Dem Lieben und Leben
den frieden zu geben.

Kadenz

Ich sehe dich. Du doch ewig Wandelnder
bist ohne Hoffnung. Ein Mensch ohne Antrieb.
Das Ungesagte bleibt stets tief verschlossen,
denn das Gebirge am Horizont ist fern,
der Ebene Mühsal allgegenwärtig.
Der drohenden Wolkendonnerwände Trotz,
laß Schweißen die müden Hände, das Erdreich
ist willig und ohne Gewalt. Nur Samen
bricht keimend die Scholle, steigt auf zur Sonne.
Leidend' Wesen, müd' Kreatur, komm und stirb.
Werde zur Keimzelle ewigen Wachstums.
So höre: Nimm diese Dornenkrone, Sohn
und all deine Schulden, all deine Schwächen.
Im Grabe des Leibes steckt tief dir der Dolch,
also geh! Die Luft des Morgens kühlt die Stirn,
so daß dir der Weg, obwohl er sehr weit ist,
durch durstige Dürre, staubige Steppen,
kurzweilig scheint. Dich frühgrüßende Bäume
am Fuß der Steigung versprechen Labsal.
Der klare Quell, sowie der sanfte Schatten,

die überreif prangende, lockende Frucht,

geben Kraft. Leck deine Wunden. Komm näher.

Zu dir zu drängen, ist all mein Bestreben.

Ich flechte den Flachs in dein Ebenholzhaar

und spanne den Spinnweb dir über die Brust,

bedecke mit Blattwerk des Leibes Blöße.

Ich knospe als Keim zwischen Gliedern empor.

Der Regen als Born so endlichen Lebens

perlt ab vom Körper. Nun lasse mich dein sein,

den Nektar trinkend, die speiende Wunde

bleibt dir zugewandt. Sieh, der Weg ist noch weit,

gebrauche Gewalt. Nimm mit, was dich stark macht.

Ich gebe dir Mittel, mich zu bezwingen

und bin doch das allgegenwärtig' Problem.

Der Kiesel im Schuh, die Lawine, die naht,

auf irrigem Pfad das Höhengewitter,

die fehlende Sicht und der Nebel davor,

euch stetig schreckt. Aber mich nichts erschüttert,

hier unbeugsam stehe: Bin ich doch der Berg!

Vierundzwanzig Stunden

Schwer geht der Schritt,

knarrende Dielung,

blätternde Farbe,

die Tür fällt ins Schloß.

Ich stehe im Raum und schaue mich um:

Abgestandene fade Luft,

Staub tanzt im Licht;

die Wohnung ist tot.

Grausam kommt die Erinnerung:

Gestern noch warst du hier,

war Leben und Lachen in diesem Haus.

Gestern.

Und ich fall durch die Zeit,

wünsche, bilde mir ein und verdichte zur Wahrheit,

daß du noch hier bist,

spitze die Ohren, höre ein Lied:

Ganz sacht an den schmutzigen Fensterscheiben

noch deine so warme Stimme verklingt.

Dein munteres Plaudern.

Ich lausche viel tiefer,

möchte alles noch einmal,

doch die Rauhfaser schweigt.

Da suchen die Blicke, schweifen durch Zimmer:

Im fenster nicht du,

strahlend und fröhlich,

so wie du noch gestern dort saßest,

die Sonne des Westens tief im Genick.

Aureolen aus feurigem Glanze umspielen dein Haupt.

Ein Heiligenschein, ein Engel.

In der Schönheit des Bildes verliere ich mich,

ich träume...

ich treibe...

Ich erwach' und bemerk', daß gedankenverloren

ich auf deine leere Teetasse starre.

Wir sehen uns wieder.

Bald schon ist freitag.

Ich lüfte die Wohnung und mache den Abwasch.

Die Woche verfliegt.

An alten Mauern

Die heiße Stirn an kalten Steinen.
Der Atem macht das Auge blind.
Tränenschwer vom vielen Weinen,
ist nur der nimmersatte Wind.

Müde Finger in Fugenspalten,
suchen und finden keinen Halt
und ein Ende der Gewalten,
kann man zwingen nur mit Gewalt.

Vor Großem gilt es zu erschauern.
Dem Ewigen gib alles Gut.
Sturmgestählte alte Mauern
und innen ist doch solche Glut.

Es waren einstmals Geistesweiten
und heute sind die Steppen leer.
Was gilt Würde diesen Zeiten?
Die meinen sind sie nimmermehr!

An alten festen soll man rasten.
Wie lange dieser Bergfried steht!
Meine schweren dummen Lasten,
die nun ein guter Wind verweht.

Leben

ein kleines Häuflein Mensch
kniete auf dem Feld der Ehre
seine Stirn berührte die schwere
Erde der Heimat
innig und fest
auf daß es sie
freiwillig nie
verläßt

ein kleines Häuflein Mensch
was kann es alles nehmen und geben
jedem das Seine
Tod oder Leben
sind wir nich alle Menschlein nur

befreit von allem

nur nackte Natur

wir sind nicht weniger und nicht mehr

ein Menschlein nur, in dessen Brust so sehr

der ewige Trieb zum Leben schlägt

ein Leben, das nur Existenz erwägt

und nur das

weniger nicht

nur das verzweifelte Klammern ans Licht

nur das

Scheinsturm

ihr da

auf der anderen Seite

der blind im Leben tastenden

himmelschreienden Gemeinsamkeiten

seid spröd wie das Glas zwischen uns

was wir sehen ist lächerlich

leblos

winzig grotesk dimensionslos

verschlungene Pfade und trotzdem nichts

spürt

die Reflexion ist hier

hinter Augenbinden und Scheuklappen

am Ende des Laufrads

bleibt noch immer ihr selbst

und seht nur euch

denn ihr seid das gottverdammte Maß

all eurer Dinge

vorgelebt und abgeblickt

niemanden locken

regungslos

starr bis an die Zähne bewaffnet

der Pathos lebendiger Leichen

hält das Gegeneinander aufrecht

niemals die feindlichen Lager verwachsen

jedem sein eigener Totentanz

um das goldene Kalb

die Mitte

den fortschritt

alles ist weit

wenn wir auftauchend

auf eurer Seite eure Luft atmen müssen

sehen wir

die Reflexion ist dort

und beiderseits keine Bewegung

Das Licht

Wohl dem, dem Nachts ein Fenster scheint,
wohl dem ein liebend Herz beweint.
Wohl dem, der eine Bleibe hat,
dort in der bitterkalten Stadt.
Ein scharfer Wind hat aufgefrischt
und das Licht der Welt erlischt.

Schau auf, ein Stern den Weg dir weist,
schau auf, worum dein Dasein kreist.
Schau auf, daß nichts zu fall dich bringt
und wenn, daß es die Wahrheit zwingt.
Ein scharfer Wind hat aufgefrischt
und das Licht der Welt erlischt.

Wohlan, es naht der Augenblick,
wohlan, noch birgt sich das Geschick.
Wohlan, daß bald die Stunde kommt,
in der sich zeigt, was freit und frommt.
Ein scharfer Wind hat aufgefrischt
und das Licht der Welt erlischt.

Bleib hier, in diesem müden Land.
Bleib hier, wirf Schatten an die Wand.
Bleib hier, mach Nachts ein Fenster hell
und birg dich Tags im falschen Fell.
Ein scharfer Wind hat aufgefrischt
und das Licht der Welt erlischt.

Wohl dem, der dieses Land bewahrt.
Wohl dem, der heget seine Art.
Wohl dem, der aus dem Dunkel tritt
und der dir sagt: Ich komme mit.
Wo heiter diese Flamme loht,
dort ist kein Wind mehr, der bedroht.

Die Panther

Im flüchtigen Monat Oktember wars,
die Tage wurden kürzer und kälter,
im tiefen Herzen des fallenden Jahrs
hat er beschlossen: Ich werde nicht älter.

Verwundert schweigt der starre Wald,
erfroren sind Minze und Ehrenpreis.
Die rastlos Reisenden gehen bald
und willst du sie fragen, sie sagen: Ich weiß!

Sie wissen vom Lande ewiger Weiten,
die Hand wird nie müde es zu beschreiben,
kann alle Schönheit nicht locken zu bleiben;
wird doch deren Fuß es niemals beschreiten.

Unsere Schönheit ist hier, die ihre dort.
Könnte sie ruhen, die rastlose Hand!
Der gierige Körper will einfach nur fort
und der Kopf zerplatzt schon vor der Wand.

All dieses Drängen ins Dunkel hinaus,
es bleibt doch ein fragen mit vagem Sinn.
Der kleine Tod setzt sie Urkräften aus
und sind aller Zorn mit dem Herzen darin.

Sind aller Gewalten wild treibendes Schlagen
in einer Welt, die nur ihnen gehört.
Haben Antwort immer auf alle fragen,
nur das pochende Herz, das hier ist, stört.

Doch wenn es dann gärt und kocht und quellt,
will die fauft sich ballen für neues Beginnen,
der Schrei sich formen, doch bricht und zerfällt.
Der Blick erlischt und geht nach innen.

Nie wird dieser Länder Grenze zerbrechen,
nie sind sie ganz hier und nie endgültig dort
und das tausendfach gebrochne Versprechen
hält sie zerrissen. Nie kommen sie fort.

Nach unten!

In Höhlen wollen wir steigen
und folgen gewundenem Gang.
Zum Mittelpunkt muß er zeigen,
an schimmernden Pilzen entlang.

Durch dunkle Kanäle winden,
den Wurzeln gleich durchs Erdenreich
und dennoch den Urgrund finden,
denn wo es eng wird, ist es weich.

Dann in den Domen der Stille,
in Kathedralen finstrer Nacht.
Hier wächst oder stirbt der Wille.
Manche singen, einer lacht.

Wir zwingen Flüsse aus Feuer,
deren Protuberanz uns neckt.
Die Haut verkaufen wir teuer,
wenn giftiger Nebel uns schreckt.

Wir werden immer geringer,
je tiefer hinab es uns führt;

einer hebt plötzlich den finger
und meldet, daß er etwas spürt.

Ein anderer sieht ein Blinken,
zur Biegung rennt er schon voraus,
ruft die Übrigen durch winken
und alle sehn verängstigt aus.

So klinge, Lyra und Psalter,
in der Mitte nun angelangt!
Hier ist ein leuchtender Schalter.
Hier uns man alle Mühen dankt.

Hierhin sich die Hände strecken.
Die Stimme bricht vor Lust und Schreck.
Wer von uns wird sich erkecken?
Der Vorhang fällt und ich bin weg.

Dauerkonsum

Warum schmeckt alles nur bitter,
beim ersten gierigen Schlingen,
beim letzten ehrlichen Kotzen,
nach falscher Selbsteinschätzung?

Wo bleibt alle frühe Freude
und Neugier auf späte Dinge?
Tausendmal hat man sie erlebt
und erlebt sie doch niemals.

Alle abgeblickten Bilder,
millionenmal schon durchgekaut
und immer wieder vorgesetzt.
Die Hand vorm Mund ist zwecklos.

Was immer auch im Blicke glänzt,
ist niemals morgendlich Neues.
Man sollte, die Augen schließend,
fliehen aller Eindrücke.

So hört den Ruf des Vergessens,
der liebevoll leise ertönt,
verschluckt vom Geschrei der Toren
und kaum noch zu vernehmen.

Ja, dann kann man wieder fressen,
solange bis nichts mehr geht und
am Teller man kotzend erstickt.
Wie liebe ich dies Leben!

Das Turiner Pferd

Der Baum, das Haus, die Bank.
Der Weg führt talabwärts entlang,
wo der Sturm an Mauern anrennt,
im Herde kein Feuer mehr brennt.
Wo die Aper kalt, wie das Bett.
Ein Strohsack, ein Linnen, ein Brett.
Ein Fenster, ein Tisch und ein Schrank.
Kein Bitten, kein Gruß und kein Dank.
Kein Wiegen, kein Wägen, kein Wort,
nur Kreisen am leblosen Ort.
Ein Schweben im sinnleeren Raum:
Nicht Bank, nicht Haus, nicht Baum.

Das Herz, der Mensch, das Licht.
Am Fenster ein fahles Gesicht,

doch nach Wärme keine Hand sucht
und keiner betet, keiner flucht.
Nur ein Hocken am kalten Herd.
Im Stalle verendet das Pferd.
Der letzte Gast ist längst vergrault,
die Aper in der Stiege fault,
doch nichts mehr in der Seele brennt.
An die Läden der Sturm anrennt.
Am Grunde tief, weit hinterm Schmerz:
Kein Licht, kein Mensch, kein Herz.

Lichtelfichtelglanztanz

Unterm Glitzerfichtel saßen
siebzehn grüne Osterhasen,
in den Händen Weihnachtsmänner
und dabei war es schon Jänner.
Wie sie durcheinanderspringen,
im Kastratenfalsett singen,
leuchten lila ihre Schwänzchen
und es gibt ein fröhlich Tänzchen.

Saßen unterm Glitzerfichtel,

auf dem Kopf ein blinkend Lichtel,

dreizehn gelbe Räucherzwerge

vom verschneiten Maukeberge.

Auch ihr Lied ist hoch zu schätzen,

wenn sich sich auf Hasen setzen,

um das Springen einzusparen,

auf Girlanden Schlittschuh fahren.

Kamen aus dem Fichtelglanze,

mit dem blondgelockten Schwanze,

sieben zahme Zottelziegen,

die verwirrt den Baum umfliegen.

Und die Osterhasennasen

mit den Zwergenbeinchen rasen,

mit der Ziegenzunge klagen,

nie nach Aschermittwochs fragen.

Wirf doch Phosphor in die Flammen

und schmilz bunt und neu zusammen,

um der Menschen Aug zu strafen.

So mein Kind, nun kannst du schlafen!

Bei Nacht

Zu nächtlicher Stund nichts Böses passiert,
das Weltall rotiert, gibt Blicken viel kund.

Der Gassen Verhau in winkliger Stadt,
die Fenster viel hat, in die ich gern schau.

Was mir da ersteht im Sekundenspiel,
hat Rätsel noch viel, da ihr mich nicht seht.

Wie die Zimmerflucht den Bewohner birgt,
der verloren wirkt auf des Daseins Ducht.

Im öligen Licht lebt ein Käfigtier,
mehr tot schon als hier und hat kein Gesicht.

Die Masse verschwimmt. Ein Haufen aus Talg,
ein augloses Balg, zum Tasten bestimmt.

Läßt einer es frei, hinaus in den Tag,
des Augenlids Schlag macht Flügel aus Blei.

Und ewig es harrt, denn schnell geht mein Schritt,

nimmt Bildwerk nur mit, das nachher mich narrt.

Dem Gesichte glaub, daß Menschen bei Nacht
zur Anschau gemacht, des Augenblicks Raub.

So lauert ein Geist im leuchtenden Loch
und ich schweige noch, da er auf mich weist.

Was der Menschen flieht im Gaslampenlicht,
hat niemals Gesicht und keiner wen sieht.

So trag ich zurück mit zahnlosem Mund,
aus nächtlicher Stund, nicht Reichtum, nicht Glück.

Was man nimmt und webt, ein Traum findet heim
und wurde zu Seim, der lange noch klebt.

Sonst nichts mehr passiert. Es schweigt ringsumher.
Die Erde ist schwer. Das Weltall rotiert.

Phantasie

Ein Faun, der sich ans Bein mir schmiegt,
und sanfte Tiere leise schlängeln

und sich zu meinen Füßen drängeln.
Ein Nachtmahr, der vorüberfliegt,

der lachend springt von Baum zu Bolz
und spottet aller Nächte Narben.
Fliegt auf ein Falter voller Farben,
wie Talmi aus dem Unterholz.

Und es wußt und webt und wimmert.
Ich sehe rote Echsen tanzen,
unter fettigen Dschungelpflanzen.
Alles neonfarbig schimmert.

Ein warmes und dunkles Gewühl.
Hier im schattigen Wohlgefallen
bocke und balze ich mit allen
und tauche tief in das Gefühl.

Nur ein Begleiter, kahl und kalt,
steht fragend über all dem Treiben
und mag sich all das einverleiben.
Doch erst wenn ich will, schweigt der Wald.

Mondlicht

Vom Himmel herunter tröpfelt es leis
und fängt sich in silbernen Matten.
Die Finsternis gibt manch Geheimnis preis,
schleicht heimlich ein Licht in den Schatten.

Die hohe Minne verschwiegener Qual,
zum Sterne droben klingt sie empor
und in dieses irdische Jammertal,
wagt sich der Schein des Endlosen vor.

Doch blind ist nicht nur der Nichtsehende.
Ganz unbemerkt erlischt dieses Licht
und es stirbt wie alles Vergehende.
Kein Mensch hebt erkennend sein Gesicht...

Und so bleibt mein Haupt, für ewige Zeit,
in Demut gesenkt vor der Dunkelheit.

Am Pendel

Das Pendel verharrt,
fällt wieder zurück,
am Ende des Schlags.
Ich rufe noch: Wart!
dann habe ich Glück,
am Ende des Tags.

Am Umkehrpunkt hier,
auf Null alles fällt
und frostend erstarrt.
Welch brüchige Zier
umkittet die Welt:
Der Augenblick narrt.

So stürzt, was denn soll,
im Gange der Zeit;
die Schulter es trägt.
Die Schwerkraft wie toll;
da ist kein Weg weit,
wem die Stunde schlägt.

Das Spielwerk erklingt
am Jedermannsgrab
im stets gleichen Tritt.
Im Viertelkreis schwingt
die Masse am Stab
und mich nimmt sie mit.

Am alten Bunker
(Sonntagabend)

Zirpende Grillen im Kiefernwald, das Dunkel naht und kalt wird es bald. Gib mir schnell meinen Willen! Und gib mir den Mut, weiter vorwärts zu sehen, schon lange will ich nicht mehr von euch gehen, sondern bleiben. für immer sein. Real sollen meine Träume werden. Ich will es treiben! Ich fürchte nichts, ist mir alles zu klein und morbid hier auf Erden. Zirpende Grillen, die Mücke sticht. Ist mutig der Willen, der Mensch nie bricht. Einen Zipfel des edelsten Traumes gefaßt. Und nie mehr, nie mehr losgelaßt. Das ist aller Wollen Gipfel.

Zyklus

Die Nacht folgt dem Licht,
der Wunsch einem Bild.
Im Dunkel scheint mild
ein blasses Gesicht.

Nur furcht ist die Nacht,
ertastet die Hand,
an starrender Wand,
ein fremdes, ganz sacht.

Manch Angstvogelschwarm
einander findet,
wenn sich was bindet,
so wird es dort warm.

Am Brennpunkte heiß
zeugt Dunkel den Tag.
Was im Wege lag
geht fort wie das Eis.

Aus Tagen wird Jahr,

aus Jahren wird Licht:

Gesicht an Gesicht

und Hände, zwei Paar.

Gedichte

Gedichte verlangsamen Zeit.

Die Welt geht stiller im leisen Gleiten,

die engen Tage werden zu Weiten,

Hindernisse zu Kleinigkeiten.

Gedichte verlangsamen Zeit.

Das wilde Brausen des lauten Treibens

schweigt in Momenten des Stehenbleibens,

als höchstes Entgelt allen Schreibens.

Gedichte verlangsamen Zeit.

So viel Raum, Gedanken auszudenken,

zum dunklen Ort ein Licht hinzulenken,

um Gutes immer neu zu schenken.

Gedichte verlangsamen Zeit.

Was sonst kann einfach zum Ursprung zeigen,

kann über Verstecktes klangreich schweigen,
Blitze zünden im heißen Reigen?
Gedichte verlangsamen Zeit.
Es sind nur Worte und wie sie heben,
Eines nun zu dem Anderen weben;
aus dumpfen Tälern steigt das Leben.
Gedichte verlangsamen Zeit.
Das Lieben und Leiden und Verdammen,
alles Reisende findet zusammen
und endlich ist die Welt in Flammen.
Gedichte verlangsamen Zeit.

Vorherbst

Sieh der trüben Tage werben,
kein Weg führt aus der Zeit zurück,
manche Freundschaft sah ich sterben,
streite um mein kleines Glück.

Dieses starke, wilde Hoffen,
gibt einst dem Glimmen doch Gewalt,

durch das Hirn ins Herz getroffen:
Längst schon ist die Fauſt geballt.

Leiden alle Menſchenſeelen
an Wunden, die das Leben ſchlägt;
all mein Streben, all mein Fehlen,
deſſen Quinteſſenz mich trägt?

Jeder muß für alles zahlen,
für Licht und Schein, für Tat und Tand,
doch zu enden alle Qualen,
das liegt nicht in meiner Hand.

Nie ein Fluchen oder Klagen
vor ihnen ungehört verhallt:
Götter, die wir in uns tragen,
in verſchiedenſter Geſtalt.

Ich suche

Ich suche die einfachen Worte.
Das Garn, das ich spinne, ist schlicht.
Ich finde verbotene Orte,
bin Opfer und niemals Gericht.

Ich meide die vorschnellen Schüsse
und scheide die Lüge vom Fakt.
Ich suche die richtigen Schlüsse,
in klingende Zeilen verpackt.

Wer will es dem Boten entgelten,
wenn der Stein des Anstoßes rollt?
Ich suche die besseren Welten
und habe sie immer gewollt.

Die Phrase ist falsch und gefährlich
und aller Sermon inhaltsleer.
Nur einfache Worte sind ehrlich
und sprechen sich immer so schwer.

Ich suche die menschlichen Reste,
in einem unmenschlichen Sinn.

Ich streite aus tönender Feste.
Ich schaue. Ich staune. Ich bin.

Synergie

Worte sind Tränen der Dichter,
in Schmerzen behütet geboren,
vom hoffenden Herzen verloren;
leugnen jeden Weltenrichter.

Bilder sind Lichter aus Jahren,
ist Zeit sekundenscharf gefangen,
die Farben, die aus Wunden drangen,
immer feuerfahrer waren.

Worte und Bilder sind Lieder,
dunkler Sinne leise Gesänge
und hoher Minne helle Klänge,
tönen ewig immer wieder.

Wie der Dichter Tränen Worte,
die Farben sind das Blut der Maler;

die alten Narben werden fahler,
eint es sich am guten Orte.

Auf der Schaukel

Im Sommer, ich sitze vor meinem Haus
im Schatten. Am felde die Sonnenglut
verbrennt den Tag. Hier hält man es aus,
im kühlen Dämmer des Tages und ruht.

Und träge ziehen die Zeiten vorbei,
die waren und welche, die könnten sein.
Vom Himmel tönt müder Raubvogelschrei,
doch nichts dringt in meine Stille hinein.

Ich wünsche mich immer in mildes Licht,
fliegt der Moment durch die Netzhaut zur Stirn.
Ich sitz vor dem Haus. Ich zähle sie nicht,
die Seifenblasen in meinem Gehirn.

Versponnen wird manch Momentes gedacht.
Vom felde schwebt ein Gespinst in den Wald,

kommt zu der Lichtung, verbreitet sich sacht,
glimmt auf und zerplatzt und verweht auch bald.

Ich kann davon zehren in langer Nacht,
wenn ich schlafe. Wenn der Winter verdrängt
die Wärme und dieses Sommertags Pracht,
die alles an Schönheit und Größe sprengt.

Ich sitze ganz leise hier vor dem Haus,
das in seiner Weisheit der Herr mir gab.
Ich liebe Stille und halte sie aus
und verweile. Sei verflucht aller Trab,

der Menschheit, die den Moment nicht erträgt,
es scheint mir wie Göpelpferds dummer Lauf.
Ich schrecke hoch. Eine Autotür schlägt.
Stimmen ertönen. Und ich stehe auf.

Deine Nähe

Wenn ich in deiner Nähe bin,
wir nicht im Nebelmeer treiben,
auf dieser Seite des Spiegels sind,
wenn wir Sprechen oder Schweigen,
birgt alles für mich neuen Sinn.
Ein sanfter Wind läßt die Probleme
demutsoll die Häupter neigen.
Und so fällt ab, was schwer mir war,
wird alles leicht und alles klar
und alles wird so wunderbar
reich und warm in dieser Woge.
Kein Harm, bin ich in deiner Nähe,
niemals mehr böses geschehe:
Du bist für mich wie eine Droge.

Aus dem Dunkel

Ist der Mensch nur Hülle,
die er sprengt oder leert;
die Gedankenfülle
uns Fluch oder Wert?

Ist Leben nur Schicksal,
wie es treibt oder zieht,
was lohnt ewig Mühsal,
wenn nackt ist, wer flieht?

Doch alles ist endlich,
was uns steilt oder fällt,
sich öffnen nie schändlich,
ist offen die Welt.

Gilt all unser Graben
nur der Suche nach Licht,
sind andere Gaben
Dreingaben, mehr nicht.

Gedichte

von drinnen

Wenn meine Gedanken...

Wenn meine Gedanken mich verlassen,
dann muß ich eine Einsamkeit finden,
um dort die Stille zu überwinden
und Wort zu faffen.

Doch wenn alle Tinten ausgefloffen
und alles Papyrus feucht und mürbe,
dann ist mein Herzblut, wenn ich stürbe,
umsonst vergoffen.

Confiteor

die Hand vor Augen
alles verschwimmt
nur grau in grau
kein Horizont
die Sonne sticht
durch formlose Maffe

nicht Boden nicht Luft

und der Blick zum Himmel

läßt mich straucheln

nichts nun mehr führt

und was man noch spürt ist grausame Kälte

niemand mehr lügt

im Herzen ist Winter

kein Anfang

kein Ende

der Schrei eines Vogels

majestätisch

malerisch einsam in kalter Höhe

so hilflos und halb und dennoch voll Trotz

Treibgut der Illusion

auf Lethes Ufer

der Schneide des Messers

kriecht es langsam

verblutend verzweifelt vergessen dahin

wie dieser Traum

bleibt es ein Fieber

bleibt es ein Feuer mit dem man nicht spielt

ist alles und jedes immerdar nur
Gestalt gewordener Wahnsinn
nirgends ein Ende

Lichter der Nacht
verwaschen verwoben
kein Wind klart den Himmel über mir auf
wieder nur fallen
durch wattige Nebel
ein Schein reflektiert
die Richtung ist falsch
ich greife ins finster
träum von der Erde
gefestigtem Standpunkt
träum von des Himmels
strahlenden Sonnen
und folge dem Stern, dessen Leuchten nicht mir gilt
mit leeren Händen
nirgends ein Anfang

Stille

Mild grüßt im Frühling des Sommers Bote
die Agora, ballend im Licht. Da ist dies Gesicht,
dieses schöne Gesicht zu mir spricht:
Bleib hier, verneige, verneine. Geh nicht.
Es muß doch lügen. Das Dunkle schweige.
Alles lebt. Und alles wird gut.
Das Böse ruht.

Im Sommer ist ein Herbst begraben
und hat zum Sterben keine Eile.
Uns werden Sorgen nicht verderben.
Verweile, du Zeit, die ewig zu haben.
Die Wärme in den Morgengaben
nimmt das Leid und gibt uns Mut.
Das Böse ruht.

Im Herbst steckt Winter und kein Licht.
Ein Schein, ein Sein und viele Fragen.
Ich lebe. Alle Last will ich tragen.
Der Schmerz ist lange schon vergangen,

doch Kälte hält das Herz gefangen.
Gegen Frost steht heiße Wut.
Das Böse ruht.

Im Frieden ist nur Sommer und Licht
und niemand soll uns verderben.
Nichts hat zum Sterben Eile.
Wann immer du kannst, verweile.
Ist bar der Schmerzen all dein Blut,
dann freu dich an deines Herzens Glut.
Das Böse ruht.

Aufschrei

Eine stürmische Nacht, ein offenes Fenster.
Hagel und Schnee in meinem Gesicht.
Der Schrei stößt ins Dunkel.
Kannst du mich hören, Sohn der Nacht,
spüren, wie die Angst mich peinigt?
Du bist, der du bist:
Jedermanns Hoffnung.

Wirst du Erscheinen auf mein Rufen,

du unverzeihliche Urgewalt?

So senke deinen Blick auf mich,

oh Thanatos

und senke die Fackel.

Laß kosen deine kühlen Schwingen

mein ach so heißes Haupt.

Komm zu mir.

Laß unsre Wangen, Hände, Lippen

sich berühren und gib mir Ruhe.

Herr der Stille, gib mir Ruhe.

Sei erfüllend und befreiend und

das Ende meiner Agonie.

Freund, laß mich dich küssen,

Charon weiß ich wartend stehn.

Er bringt mich über den lautlosen Fluß

Styx.

Mein ewiger Traum.

Und ich schließe das Fenster.

Imago

Riesen sind wir an Geist und Gestalt
und die Erde ist uns ein Garten.
Des Trübsals Tage müssen warten.
Wir haben die Macht und die Gewalt.

Riesen sind wir und schöpfen die Kraft
aus dem Kruge mit perlendem Met,
worin das Morgen beschrieben steht,
all die Momente der Leidenschaft.

Riesen sind wir und beugen uns nicht,
sind dennoch voll Demut und Gnade,
uns zu Schutz und Schirm nicht zu schade.
All euer Wollen sei unser Licht.

Riesen sind wir und tragen die Welt
auf breiten Schultern durch den Aether.
Dank uns, Aeonen Jahre später,
noch immer alles zusammenhält.

Heimkehr

I.

Und wieder zeigen die dürren Gräser
den Weg nach unten, der Abschied ist nah,
wie ängstlich greifen die toten Arme
und tiefer, am Fuße, das Wasser ist trüb,
in öligen Pfützen, brackig, verdorben,
im schimmrigen Glanze leuchtet es noch:
ein Regenbogen, hier ganz ohne Pracht;
das Spektrum verschiebt sich, Bilder der Gase,
der Wind reißt sie fort, fügt sie von Neuem,
ballt und zertritt sie und schickt sie hinweg.
      In den Fängen des Herbstes
      und wieder ist Sterben
      Gedenken der Toten
      die Stühle sind leer.

II.

Die Sonne ist Lüge, Licht ein Blendwerk,
die kleinste Bewegung verursacht nur Schmerz
und so fällt alles, die Erde, das Drunter,
die ewige Ruhe garniert mit Leichen, nur Abschied;

ein fahlendes fliehen, befohlen von oben,
von weither, dort wo ihnen alles gelingt,
ist die einzige Losung, wir passen uns an
und träumen vom Glanze der Farben nur,
nehmen das Scheidende auf, mit uns mit:
am Ende des ersten Gedankens ist Stille.

    Hier im Auge des Sturmes

    die Sonne bleibt niedrig

    die Nacht gegenwärtig

    und Nebel zieht auf.

III.

Das altvertraute und rasselnde Atmen,
hörst du es noch?, kaum merklich wird's leiser,
nur trockenes Husten schüttelt den Leib,
so geht es langsam, so stirbt die Welt weiter,
so werden wir Moder, werden Geburt,
werden zur Keimzelle ewigen Wachstums
und immer das Blatt des Lorbeers im Haar;
an den Grenzen der Fäulnis geben die Schlote
den wilden Winden nur neues Spielzeug,
das sich letzten Endes gegen sie wendet.

Unter schwebenden Kuppeln
ist die Welt nur ein Schein
wie mild ist der Odem
Willkommen im Dom.

Im Atrium

es gibt nur die Stille
in kühlen schattigen Wandelgängen
plätschert der Quell beruhigend leise
die dürren Zweige des Ölbaums rascheln
und Sonnenglast tobt still in der Mitte
leisfernes flimmern über dem Sand
ich bin wieder unten

das Tor ist verschlossen, das Leben bleibt draußen
den Körper gepreßt an kaltes Marmor
der offene Leib im Schatten
der zuckende Muskel peitscht und pumpt
es kleben die Mauern voll krustigem Blut
bis hierhin entkommen

nervös bohren finger in schweißenden Wunden
und reißen die alten Narben neu auf
kommende Ruhe ist allumfassend
nur nicht der Hände rastlose Tat
dem tödlichen Kreislauf der eignen Gedanken
vorerst entfliehen

gestern war alles noch so verklärt
so voller Unschuld und hell von Hoffnung
bis gestern nur reicht die Erinnerung
bis heute der Schlag des liebenden Herzens
morgen ist Schweigen, so bleibt es bei Einem
still wandert die Sonne

wer bist du, ich möchte dich kennenlernen
nur innen ist Wahrheit und kommt nicht heraus
die Schädeldecke ist aufgebrochen
statt Stütz nur Schleim und Haltlosigkeit
an blutigen Wurzeln der Haare noch kleben Gedanken
und ziehn sie heraus und schämen uns ihrer

die Schatten sind kurz
nirgendwo Zuflucht

die Klinge im Körper der schwärenden Wunden
traf sicher geführt den ärgsten Feind
so stelle ich sterbend dem Licht mich entgegen
und suche den Tod und finde ihn nicht
es gibt keine Hoffnung

Der Verfall

Wenn des Winters Stürme kreisen,
öffnet sich ein dunkles Tor
und ein Grauen tritt hervor,
ist nicht mehr zurückzuweisen,
schließt man ab auch Aug und Ohr.

Wenn des Frühjahrs Stürme toben,
geht ein Zittern durch den Bau,
dann verschließt sich ein Verhau;
fest verwachsen und verwoben
und stiehlt jede Morgenschau.

Wenn des Sommers Tage prangen,
schwimmt ein Schatten stets im Licht,

aus dem ewig Böses spricht;
und ein krankhaftes Verlangen
macht zur Fratze manch Gesicht.

Wenn des Herbstes Stürme wüten,
ist das Grauen noch im Wald.
Einst ist jedes Leben alt
und nicht Kraft mehr, es zu hüten.
Oh, wie nahe. Oh, wie bald.

Vor dem Schlafe

Gib mir Kraft! Der Winter naht.
Das Heute soll ein Morgen werden,
bleiben alles Licht auf Erden.
Wachsen diese späte Saat.

Gib mir Mut und Sonnenschein.
Gib Orte mir, die meiner warten.
Gib mir einen reichen Garten.
Gib mir Wermut. Gib mir Wein.

Brich das Schweigen und die Scham.

Gib mir die Kraft, die Last zu tragen,

meine Meinung frei zu sagen.

Gib mir Frieden. Nimm den Gram.

Wenn sich die Zeiten...

Wenn sich die Zeiten böse wenden,

dann gibt es nur noch ein Gebot,

das Aufstehn! heißt, wider die Not,

um sie zu Enden.

Du bleibe hier, bist hier geboren,

hier bist du keine Spreu im Wind.

Du bist nur stur, du bist nicht blind

und nicht verloren.

Nur spärlich heut die Lieder klingen,

die dir erzählen, was gebeut,

doch deren Ratschlag mahnt noch heut

und was sie zwingen.

Hab, dich erhebend, dies im Sinne,
doch bändige dein wildes Blut
und harre, bis dein Herzschlag ruht.
Dann erst beginne.

Laß deine Brände für dich sprechen,
daß von der Lüge nichts mehr bleibt
und was uns an die Schwerter treibt,
das wird zerbrechen.

Stiller Moment

Vergehend verneigt sich der Tag übern Garten,
legt kühlendes Dämmer um Leiden und Lachen.
Was längst vergessen, nach endlosem Warten:
Die Zeit ist gekommen, das Licht auszumachen.

Die Nacht zieht herauf. Sie kommt aus der Ferne.
Diese qualvoll schreienden Augen bald ruhn.
Ein altes Tier kriecht in enge Kaverne
um seine bekrönende Handlung zu tun.

Noch einmal seufzet aufraschelnd das mürbe Laub,
vergehend, wie all diese irdischen Sachen.
Von der Glast der Gedanken bleibt Spreu nur und Staub:
Die Zeit ist gekommen, das Licht auszumachen.

So viel Ruhe im sterbenden Augenblick.
Entschlossene Kraft in fester Gebärde.
Wie nach einem Regen, warm quellendes Glück,
es fließt zu der ewig dürstenden Erde.

So manch scheues Tier lugt nun sacht aus dem Ginster
und vernimmt nur ein fernes, ein irres Lachen;
und dann rennt es voraus, in ersehntes finster:
Die Zeit ist gekommen, das Licht auszumachen.

Was immer sich regt, das zieht still sich zurück,
für Dinge, die fremden Blick nicht vertragen.
Bleibt ein Wermutstropfen im kommenden Glück:
Es schmerzt immer noch, Lebewohl zu sagen.

So erscheint schwach und schwer alles Leben zur Nacht,
verneinend das stetige Wiedererwachen.
Dieses endlose Dasein, das Schaudern mich macht:
Die Zeit ist gekommen, das Licht auszumachen.

Nimmermüd heben sacht schwebende Elfen
den Geist zu versponnenen Sphären empor.
Der Schwache allein kann sich niemals helfen,
steht die fahle Scheibe auch wachend davor.

So scheint alle Zeit wie ein rasender Flug.
Vergeht ein Moment, steht ein andrer bereit.
Aus verschlungenem Dickicht von Traum und Trug
führt der Weg nur zu trockener Sachlichkeit:

Bei staubiger Bänke schadhafter Latten,
das Band von Asphalt an den Wald führt heran.
Aus der Realitäten leerer Schatten
kann niemand entkommen. Das Licht ist doch an!

Träumerei

Hat je deine Hand mich gestreichelt,
jemals ein Kuß mich erreicht?
Hast manchmal mir geschmeichelt
und immer mich erweicht.

Du bist für mich ein Gipfel,
ein steter, lieber Stern.
Und rührt dich auch mein Wipfel,
du bleibst mir immer fern.

Nie gehst du mir verloren,
doch verbirgt sich, was du bist,
hinter mir verschloßnen Toren.

Sieh, ich bleibe Rationalist:
Ich bin nur für dich geboren.
Für mich bist du alles, was ist.

So fern

riesige Räume bewohnen die Geister großer Gedanken
sind nur Bilder der Agonie
und träumen von Perlen, im Sumpf gewachsen
von dunklen Schätzen aus tiefem Grund
unerreichbar selten schön
wie alles was nicht greifbar ist
wie Geister

schweigende Schlösser im Märchenland ewigen Sterbens
stecken vergessen in kalten Alleen
ein Herbstlaub, das nicht rascheln will
ein Herzschlag, der nicht tönen will
ein Leben, das nie enden will
sind das unwiederbringliche Märchen
der Kindheit

die stillen Straßen der Randgebiete sind Zuflucht
ein Grauen ist der Weg nach innen
so halten wir Hände, halten sie unten
halten sie jeder Bewegung fern

denn Stillstand ist das Ende der Zweifel
und Frieden kehrt dann ein
noch leichter

die immer gaben, die großen Herren warmen Herzens
sind schweigsam geworden
auf der Wolkenspitze ferner Gipfel
strahlt des Eises kalte Pracht
aus allen Himmeln
ist Kristall auf Kristall und doch Wasser nur
vergänglich im Licht

der drohenden Wolkendonnerwände trotz
weit greifen die Schritte den Tag
denn alle Gewalt der Schwachen
geht immer nur gegen sich selbst
bleibt ohne Struktur
der Malstrom der Gedanken
ist Chaos

was die Götter je gaben, ist fremd und neu
ewig sind wir Lernende
und vergessen es doch immer wieder

auf der flucht nach vorn
ist kein Verweilen
und in leeren Hallen spuken Idole
wie Geister

Ein Traum

Ein Lächeln geht auf staubigen Sohlen
durch das ernste und stille Gesicht.
Ein Schatten schwimmt im fließenden Licht,
doch Finsternis hat niemand befohlen.

Wenn Efeuranken sich zärtlich winden,
schweigend bedeckt vom Mantel der Nacht,
knospet aus aller wogenden Pracht
ein Trieb und wird niemals Boden finden.

Was einmal wird als ein Traum geboren,
lebt von der Sonne oder verdirbt.
Was von innen nicht glühen will, stirbt.
Wer Feuer atmet, ist nie verloren.

Balladen

Die Überfahrt

Wie bist du unerbittlich, Meer!
Gibst dem, der dich liebt, unendlich!
Gibst, den du hast, nie wieder her,
zu keiner Zeit, unendlich!

„Kommen Sie mit auf die Reise
und folgen Sie mir auf das Deck!
Achten Sie nicht auf die Preise!
Decken Sie nur Ihren Scheck!

Unser Dampfschiff hier ist riesig,
vielhundert Kabinen darin.
Sind auch Wetter dunkeldiesig,
wir fahren sicher wohin.

Sie finden, was Sie begehren,
in Kajüten, trocken und warm.
Wir die Sicherheit bescheren,
kein Platz für Kummer und Harm.

Vertraut den Navigatoren!
Den Männern der Brücke, vertraut,
und den Heizern an den Loren
mit der anthrazitnen Haut!

Verweilen Sie lieber Drinnen!
Hier Draußen sind Männer gefragt.
Das Zaudern, Zagen und Sinnen
bleibt vergessen, bis es tagt.

Kommen Sie mit auf die Reise
und folgen Sie mir auf das Deck!
Achten Sie nicht auf die Preise!
Decken Sie nur ihren Scheck!"

Gezogen ist nun die Gangway.
Durch Nebel schreit mehrmals das Horn.
Das Gesicht zerkratzt der Eisschnee,
ein mahlendes, grobes Korn.

Die Wasser beginnend fallen,
sie ziehen hinaus, in die See.
Viel Glück den fahrenden allen!
Es löst sich der Rumpf vom Kai.

Der Kapitän gibt ein Zeichen,
nun spielt die Kapelle ein Lied.
Die Schweigenden dort, die Bleichen,
fassen erst jetzt, was geschieht.

Nun sind alle eingefangen
und keiner kommt mehr fort von Bord.
Die Abschiedslieder verklangen.
Das Schiff verläßt seinen Port.

Die Hand des Steuergasten hält
festen Kurs bei widrigem Wind.
Da ist nur Wasser auf der Welt.
Achteraus die Bänke sind.

Der Riese schneidet die Wogen.
Die Posten sind alle besetzt.
Die, deren Augen nie trogen,
mit allen Hunden gehetzt.

Hochdruck auf alle Zylinder,
die Pleuel flirrend rotieren.
Ein Hoch dem Weltüberwinder!
Nie darf Technik verlieren!

Droht mit dem Dreizack auch Neptun
und peitscht die Elemente wild;
Pandoras Box ist offen nun
und zwingt alle hinters Schild.

Die stilldunklen Flure schaukeln,
es stampft und rollt das ganze Schiff.
Die Träume Reisender gaukeln
um den Sicherheitsbegriff.

Es bleiben alle gefangen
und kommen vor Angst nicht herfür.
Sie liegen im Bett und bangen:
Die Wetter schließen die Tür.

Wie ist die See unvergänglich,
doch Sturm dem Landvolk lastet
und manch zitternd Händchen bänglich
nach dem Rufknopfe tastet.

Der Steward harrt ihrer Bitten,
verschwiegen, beflissen, devot.
Ihn lieben jene, die litten,
denen vertreibt er die Not.

Die Türen öffnet er leise.
Sein Klopfen ist nur wie ein Hauch.
Die Augen, müde und weise,
vertraut sind mit jedem Brauch.

Nichts menschliches ist ihm da fremd,
Männer und Kinder und Frauen,
wie sie angstirr und ungehemmt
flehend zu ihm schauen.

Er hat eine kleine Tasche.
Er hat eine zärtliche Hand.
Die Schatten werden zu Asche
und nah ist gelobtes Land.

Tröstend, mit ruhigen Worten,
bleibt er, bis die Flügel tragen;
Wächter an den schönsten Orten,
um Einlaß nicht mehr fragen.

Wie ruft die Glocke ihn häufig.
Für aller Ruhe steht er Wacht.
Ihm sind die Mittel geläufig.
Er salbt, er kost und er lacht.

Jedes ruht in seiner Kammer.
Das Tosen bleibt ein ferner Ton.
Nirgendwo erklingt ein Jammer.
Leise spielt ein Grammophon.

Die Brücke und die Maschinen,
sind die Kontrollzentren der Macht.
Die Meister des Schiffes dienen.
Sie führen es durch die Nacht.

Sich Aurora endlich Bahn bricht
und alles Stürmen schläft zur Stund.
Dann nach diffusem Morgenlicht,
doch ersteigt das golden Rund.

Sonnenlicht und tiefe Stille,
nur eine schwere Dünung geht.
Wieder siegte Menschenwille,
doch Gott hörte manch Gebet.

Aus dem Glast ersteht ein Hafen.
Wie ruhig war die Überfahrt.
Wer vertrauensvoll geschlafen,
der kann werden hochbejahrt!

Wer nicht schlief, stand seinen Posten
und wachte über stiller Schar.
Fahrensleute niemals rosten,
Haupt erhoben, Auge klar.

Schauerleute fassen Leine.
Das Riesenschiff liegt fest an Land,
sind auch wacklig noch die Beine,
schnell der Passagier entschwand.

„Wir danken für die Fahrt mit uns!
Sie kommen doch wieder an Deck?
Die nächsten Reisen nur mit uns?
Wir danken für Ihren Scheck!"

Das kalte Licht

Ein Wintertag in einem fernen Jahr.
Ein böses Schicksal schleicht durch den Schnee.
Ein beißendes, reißendes Weh.
Ein kalter Tag im Januar.

Da gingen drei Bauern durch dessen Nacht,
die ganz finster und uferlos still,
wie lauerndes Unheil es will,
das bleierne Schreiten bewacht.

Und plötzlich ersteht ein Licht auf dem Feld.
Es bleiben die Männer wie gebannt
nur stehen am äußeren Rand.
Ein fremder Schein auf dieser Welt.

Eine ferne Musik, ein feiner Klang
sich in ihre Ohren schmeichelnd schleicht
und alles, ja alles, sich gleicht.
Verzückt lauschen sie diesem Sang.

Sie glotzen gläubigen Auges ins Licht
und sie fühlen das Leben nicht mehr.
Nur noch Glanz und Klang ringsumher.
Doch die Kälte spüren sie nicht.

Sie staunten noch als der Sang sich verlor,
der Frost wieder alles erfaßte
und der falsche Schein verblaßte.
Das Blut ihrer Adern gefror.

Die letzte Wärme und die letzte Luft.
Die letzten Gefühle im Leben.
Kurzes Seufzen, leichtes Beben
und das Herz verstummt in der Brust.

Als Morgennebel vorüberwehen,
und eine Sonne den Weg sich sucht,
sind drei Familien verflucht.
Erfroren die Männer stehen.

Nun könnte man meinen, sie sprächen dort,
an diesem bitterkalten Morgen,
über jenes Tages Sorgen,
doch war es ihres Todes Ort.

So traue im Dunklen nie einen Schein,
der den Himmel auf Erden verheißt.
Zu hell für die Augen er gleißt.
Versuche das Dunkel zu sein.

Ein Märchen

Komm und sieh die weiße Stadt im Tale
und die Sonne drüber, wie sie loht.
Die Glocken höre hunderte Male:
flieht, Bürger, flieht, vor Fährnis und Tod.

„Recke, nun komm und reite hienieden,
frage die Menschen, was sie so schreckt!
Suche das Übel! Bringe den Frieden,
daß er sich nicht gleich wieder versteckt!"

So hört der Streiter Botschaft und Sendung
inmitten einer gehetzten Schar.
Es ist die gleiche Jungfrauenschändung
des Drachen, so wie in jedem Jahr.

Die Echse schleicht langsam durch die Gassen,
züngelt um Ecken der Unterstadt.
Der Bürger bekommt sie nie zu fassen.
Er ist zu ängstlich und zu satt.

Der Recke steht dem Untier entgegen.
Es gleißt im Licht, das Schwert in der Hand.
Der kalte Stahl trifft schnell und verwegen.
Das Haupt der Bestie rollt in den Sand.

Der Bürger nun dankt mit Unvermögen.
Er bietet sein Weib und Kind und Gut.
Nichts gleicht dem Geschmack von fremden Trögen:
Der Recke giert nach Jungfrauenblut.

Der verwunschene Kaiser

Das Reich ist siech, ist müd und schwach.
Der Kaiserthron schon lang verwaist.
Legenden halten Hoffnung wach,
der Imperator sei verreist.

Manch Jahrhundert, spricht die Sage,
die Volkes Stimme murmelnd glaubt,
schläft der Herrscher unter Tage,
nachdem ihn welsche Hand geraubt.

Strahlt er durch die alten Lieder
aus heller Vorzeit in das Jetzt,
klingt es hin und tönt es wider,
denn alle Hoffnung stirbt zuletzt.

Einmal wird der Kreis sich schließen,
damit, was lange schlief, erwacht.
Dann wird Gnade sich ergießen
und neu erstrahlt des Reiches Macht.

Graue Stadt, so kalt und schmutzig,
die zwischen Wald und Küste klebt,
hinter Wällen, alt und trutzig:
Ein Menschenschlag hat überlebt.

Zum Markte heut für Bier und Wein,
für Fleisch und Vieh zum Platz hinauf;
es treibt des Kretschmers Töchterlein
des Vaters Esel zum Verkauf.

Das brave Tier hat lang gedient,
ist nichts mehr, das es tragen kann.
Die Fratze des Abdeckers grient,
allein der Magd Herz hängt daran.

Blauer Augen Zähren netzen
den Pelz der müden Kreatur.
Alles Weilen bleibt ein Hetzen,
gibt nimmer Gnad die Rathausuhr.

Halt die Zeit an, Herr der Himmel!
Seht, da naht die Scharwache auch!
Ihres Hauptmanns tumber Schimmel
frißt des Gemüsehökers Lauch.

Wie der Esel dies gesehen,
so tut er es dem Pferde gleich.
Da hilft kein Betteln und kein Flehen,
führt der Hauptmann seinen Streich.

Und nun folgen viele Hiebe,
doch treffen sie nur graues Fell.
Laut ertönt ein Schrei der Liebe,
die Magd, voll Mut, entscheidet schnell.

Ihre kleinen Ärmchen decken
des Esels Blickes böse Wirrn.
Unter Schlägen kein Verstecken.
Ein' Kuß haucht sie ihm auf die Stirn,

hebt den Kopf und zwingt den Schergen
entschloßnen Blickes so zum Halt.
Riesen wachsen nur aus Zwergen
und einer ändert die Gestalt:

Er wirft sein aschen Kleid vom Leibe,
reckt hoch sich und steht aufrecht dar:
Ist erlöset durch ein Weibe
der Kaiser nun nach tausend Jahr!

Plötzlich ist die Welt ganz leise.
Sein Griff ist Stahl. Sein Blick ist mild.
Er ist jung, ist stark und weise,
gegürtet wohl mit Schwert und Schild.

Ist das Mädchen baß erschauert.
Sie schaut herauf: Ist alles Licht!
Daß der Augenblick fortdauert!
Sie hält noch immer sein Gesicht.

Lachen tritt auf seine Miene:
„Oh, wie war ich verzaubert lang.
Nun dem Reich ich wieder diene!"
Und sie in seine Arme sank.

Dann im Jahr darauf im Lenzen,
führt sie der Kaiser zum Altar.
Strahlend, unter Hochzeitskränzen,
ersteht, was fast vergessen war.

Lauschet dieser jungen Lieder,
von des Gedankens Auferstehn;
klingen sie und tönen wider
und sollen nimmermehr vergehn.

Dieses Schicksal jedem gleiche,
der führen will, von hohem Thron:
Stets nur dienen treu dem Reiche,
die vor dem Herrschen lernen fron!

Theophano, Kaiserin

Europa ist eins zur Jahrtausendwende,
der einigen Christenheit Kontinent.
Manch einer erwartet das Weltenende
und lodernd in ihm die Angst davor brennt.

Zwei Könige tragen Roms Kaiserkrone:
Nikephoros Phokas im Reich Byzanz
und Otto der Franke vom Eichenthrone
auf Reisen und jener im Purpurglanz.

Sie hadern verhalten um ferne Marken,
um das Land Campanien geht der Streit.
Doch wenn Christen über Christen erstarken,
verschwindet des Seelenheils Herrlichkeit.

Mit dem Griechenreiche ewigen Frieden!
Es wünscht Kaiser Otto auf den Thron,
um ein Bündnis beider Reiche zu schmieden,
eine Purpurprinzessin seinem Sohn.

Er sendet Luitprant, zu werben ihrer.
Zum Bosporus zweimal der Bischof reist.
Byzanz ist siegreich. Der Sultan Verlierer
und zweimal Phokas Luitprant abweist.

Otto muß warten, er ordnet im Reiche,
von Burgen und Pfalz, was notwendig ist.
Dann sucht Gero von Köln die Ohnegleiche,
die Otto, der Sohn, nicht kennt, noch vergißt.

Der Kaiser ist tot! Es lebe der Kaiser!
Nikephoros stirbt durch Eheweibs Tand.
Johannes Rotstiefel ist etwas weiser
und reicht Bischof Gero freundlich die Hand.

Nun endlich: Der neue Kaiser gewährte!
Er bietet die Nichte den Franken an.
Das Kind Theophano, die lang Begehrte,
geboren als Byzanz Kreta gewann.

Sie ist nicht von Purpur. Sie zählt zwölf Jahre.
Glücklich verhandelt man um diese Braut,
daß friedensbringend nach Franken sie fahre
und andere Schafe des Herrn dort schaut.

Wenn der Kaiser befiehlt, so ist kein Warten
und sie schaut nie wieder der Eltern Haus,
die Villa am Hang, mit dem großen Garten:
Man reißt sie aus Heim und Kindheit heraus!

Sie dankt der Gnade und will doch Erbarmen!
Der letzte Tag schneller naht als geglaubt.
Sie durchweint diese Nacht in Mutters Armen
und Vater streichelt ganz stumm ihr das Haupt.

Sie bitten, daß Gott auf all ihren Wegen
die Hand weiter schützend über sie hält.
Sie dankt ihren Eltern für diesen Segen
und zieht nun in Frieden in Gottes Welt.

Sie verläßt die Stadt durch prächtige Tore,
hinaus in der Ebene helles Licht.
Sie hört die Mönche, zur Laudes, im Chore
und salziger Wind liebkost ihr Gesicht.

Sie schließt die Augen. Ein Abschied für immer!
Dies Bild brennt tief sich in ihr Herz, so sehr
strahlt Konstantinopel im Morgenschimmer.
Zurückgeblickt hat sie seitdem nie mehr.

Im Hafen liegt Theophanos Galeere.
Dort segnet Gero seine Gesandtschaft.
So fahren sie aus dem Marmarameere
ins Frühjahr der italischen Landschaft.

Sie steht an der Reling und schaut zum Hafen.
Ihre Finger krallen sich in das Holz.
Sie hat vor Aufregung nicht geschlafen:
Wie mag Otto sein, ist er stark und stolz?

Zu Quasimod segnet sie Pabst Johannes
und das Wunder geschieht: Sie lachen sich an!
Sind nach Krönungsmesse des Gottesmannes
sie Kaiser und Kaiserin, Weib und Mann.

Die Zeit ist jung und die Tage sind heiter.
Sie reiten oft in den Bergen umher.
Doch bald treibt den alten Kaiser es weiter
und still wird der Ölbaumhain dort am Meer.

Gen Mitternacht über den Paß von Bünden.
Otto der Große nimmt sacht ihre Hand,
zeigt hinter karstigen Hochgebirgsschlünden,
hinab auf ein sattes und grünendes Land.

„Sieh, dies ist dein Reich!" So sind seine Worte
und erstmals der Krone Last sie verspürt.
Mächtig sind fränkische Gaue und Orte
und dorthin zärtlich Sohn Otto sie führt.

Im nächsten Jahre stirbt Otto der Große,
sein Reich in Blüte, es wächst und gedeiht.
Wann knospet die Frucht der Liebe im Schoße?
Für den Stammhalter ist es hohe Zeit!

Theophano gebiert zwei Sommer darauf
die erste Tochter und zwei folgen bald.
Als Otto, der Erbe, die Augen schlägt auf,
ist zwanzig Jahre die Kaiserin alt.

Sie lernt, dieses einst fremde Land zu lieben,
trägt ihres Mannes Entscheidungen mit.
Als das Reich erbebt unter Heinrichs Hieben,
ist Stütze und Rat sie auf Schritt und Tritt.

Heinrich der Zänker, der Vetter aus Baiern,
setzt hoch und verliert doch im Königsspiel;
und ist keine Zeit zum Ruhen und Feiern,
weil der Bund der Feinde noch nicht zerfiel.

Nun gilt es Fürst Boleslaw zu bezwingen
und Böhmen beugt sich der fränkischen Macht.
Der welsche Herrscher will Lotharingen!
In Aachen ist Otto nah und gibt acht.

Das Reich Karls des Großen ist lang zerbrochen.
Lothar ist König im westlichen Teil.
Vom Krieg hat der Karolinger gesprochen!
Gegen den Bruder, mit ehernem Pfeil!

In diesem Juni, mit wehenden Fahnen,
was Otto erst glaubt, wie er es schon sieht,
stürmt König Lothar die Pfalz seines Ahnen
und das Kaiserpaar nachts nach Köln entflieht.

Der Streit rasch verebbt, nach glücklicher Wende,
dann ruft ein Zwiespalt im Süden zur Pflicht.
Hier neigt sich ein Schicksal zu seinem Ende:
Das Schwert in Columnas Sonne zerbricht!

So tragen in Demut sie Gottes Gaben
in Zeiten von Krieg und Leidenschaft.
In Freude und Not elf Sommer sie haben
und führen das junge Reich voller Kraft.

Doch jäh ruft der Herr und Otto muß fahren!
In Schmerzen bleibt Theophano zurück.
Eine Witfrau von dreiundzwanzig Jahren;
der Thronerbe spielt im Kleinkinderglück.

Der, den sie liebte, stirbt in ihren Armen.
Die Hände streicheln das kalte Gesicht.
Doch Gott gibt trotz allem Trost und Erbarmen
und ist uns in aller Finsternis Licht!

Der Kaiser wird in Sankt Peter begraben.
Der Anfang hier war. Das Ende hier ist.
Die Meere der Trauer ein Ufer haben,
ihr Leid, das nun im Gebet sie vergißt.

In Pavia bleibt sie winters verborgen,
doch zum Reichstag nach Rara wohlbedacht,
ruft Bischof Willigis sie voller Sorgen:
Der Zänker Heinrich greift wieder zur Macht.

Er entführt des seligen Vetters Erben,
den Stammhalter von gesegnetem Blut.
Er nennt sich König, läßt sich umwerben,
zum Reichstag jedoch verläßt ihn der Mut.

In seiner Liebe, daß Gott sich erbarme!
Gesenkten Hauptes tritt Heinrich hervor.
Den Sohn nimmt Theophano in die Arme,
küßt ihn und herzt ihn und hält ihn empor.

Dann kniet Heinrich nieder, bittend um Gnade,
aus der Kaiserin mildtätiger Hand.
Nie wieder kreuzen im Streit ihre Pfade,
denn der Zänker verzichtet auf sein Pfand.

Bei Mutter, endlich, der goldene Knabe!
Sie fragt ihn weinend, ob er sie noch kennt,
und Otto will wissen, ob sie noch habe,
den Rappen, der jedem Teufel fortrennt.

Ein Jahr ist im Strom der Zeit abgetrieben,
doch unvergessen der Mutter Gesicht.
Dann fragt er nach Vater, wo er geblieben.
Ist wahrhaft er Engel in Gottes Licht?

So blickt sie nach vorn. Ein Reich ist zu führen.
Es gilt zu bewahren des Erben Thron
und kann sie ihn auch zum Kaiser nicht küren,
wächst und gedeiht König Otto, ihr Sohn.

Sie lehrt ihm die Sitten uralter Kultur,
von römischer Macht und griechischem Geist;
sie zähmt seines fränkischen Blutes Natur,
bis Hofkaplan Bernward ihn unterweist.

Nun gegen Stämme der Lausitzer Heiden,
das Schwert zu ergreifen ist hohe Zeit!
Es sollen die Feinde des Reiches leiden,
wenn an der Elbe kein Frieden gedeiht!

Dort sammeln götzenverehrende Horden,
sich an einer Esche um Mitternacht
und planen ihr brennen, schänden und morden,
wie schwelendes Feuer, vom Ostwind entfacht.

Im Sumpfe wohnen die heidnischen Wenden.
Druiden beäugen da Baum und Stern.
Sie sammelt das Heer, um den Zwist zu enden
und um zu verbreiten das Wort des Herrn.

Sie ist mit den Männern draußen, im Kriege;
am Tage zu Pferde, im Zelt bei Nacht.
Sie betet mit ihnen um ihre Siege
und führt ihre Ritter bis in die Schlacht.

Dort hilft dann Mesco, der Fürst der Polanen.
So stirbt manch Aufrührer, der sich erfrecht.
Bald wehen der Kaiserin Siegesfahnen
und wieder herrscht Gottes Gesetz und Recht.

Im Westreich erlosch nun erneut der Frieden.
Dort haben sich Hugo und Karl verrannt.
Den Streitern ist Trost und Ratschlag beschieden
und sie lenkt die Beiden sacht aus Brabant.

So können sich viele Ortschaften preisen,
daß Gastung sie gaben der hohen Frau.
Sie führt aus dem Sattel, immer auf Reisen,
in jedem Monat ein anderer Gau.

Die Kinder gedeihen, wachsen in Frieden.
Geheilt ist, was in Columna zerbrach.
Lang hat Theophano den Weg gemieden,
erfüllt nun, was sie im Herzen versprach:

Sie reist nach Süden, allein und in Frieden,
zum Grabe ihres Gefährten nach Rom.
Der Herr hat ihr Freude und Schmerz beschieden.
Sie betet voll Inbrunst im Petersdom.

Ein Requiem Kaiser und Mann zu Ehren!
Ihre Finger streicheln den kalten Stein.
Sie konnte die Macht der Ottonen mehren,
ist Imperatrix Augusta allein.

In diesem Bewußtsein sind ihre Taten,
sie führt das Reich wie noch keine zuvor.
Ihr Handeln ist weise und wohlgeraten
und allen in Not, steht offen ihr Tor.

Den Menschen gibt Gott, der Herr, seinen Segen
und die Kaiserin gibt ihnen das Brot.
Bald reist sie nach Norden, will nach Nimwegen,
um im Westreich zu enden Krieg und Not.

Sie betritt die Stadt durch prächtige Tore,
im Hofe der Pfalz gleißt das Sonnenlicht.
Sie hört die Mönche, zur Vesper, im Chore
und salziger Wind liebkost ihr Gesicht.

Hier endet Theophanos Weg auf Erden.
Der Herr befiehlt und die Kaiserin geht.
Doch was sie fügte, kann wachsen und werden.
Das Reich in Frieden und Wohlstand besteht.

Sie wünscht sich an Sankt Albinius Altare
und der Tod kommt sanft, daß er sie nicht quält:
Im neunhunderteinundneunzigsten Jahre,
Theophano erst einunddreißig zählt.

Ihr Haar ist noch schwarz. Nun ist es zu schneiden.
Sie stirbt als Nonne. So will es der Brauch.
In frieden kann sie von der Erde scheiden
und woran sie glaubt, das schaut sie nun auch.

Ein Vaterunser in griechischen Worten.
Sie sieht die Eltern und nimmt deren Hand.
Ein frühsommertag erwacht allerorten
und der Ruch des Meeres steigt auf das Land.

Das Morgenrot nimmt sie mit auf die Reise.
Ihre Hände streicheln Ottos Gesicht.
„Sieh, dies ist dein Reich!" Sie flüstert es leise
und lächelt noch, während das Auge bricht.

Sie wird in Sankt Pantaleon begraben,
der Kirche in Köln, die reich sie beschenkt;
Werke von Stein und Reliquiengaben,
Heilige, derer man dankbar gedenkt.

Und Bischof Erweger hält Totenmette.
Das trauernde Volk erscheint ohne Zahl.
Daß Gott ihre reine Seele errette
und führet aus irdischem Jammertal!

Was bleibt von der Griechin auf deutschem Throne,
von ihren Siegen und ihrem Verzicht;
der Mutter des Königs Otto, dem Sohne,
die eingeht in alles himmlische Licht?

Der Künstler und Kunsthandwerker bald viele
ihr folgten in das barbarische Land
und prägten mit am ottonischen Stile,
an Werken des Geistes, Bauten der Hand.

Auch danken wir ihr die fromme Geschichte
von Sankt Nikolaos, der in der Nacht,
von Manchem wendet den Fluch der Gerichte,
der freie Menschen zu Büßern macht.

Auch dankt man ihr, daß sie fest blieb im Glauben,
an des Reiches ewigem Fortbestand.
Sie ließ das Wissen darum sich nicht rauben,
die Frau von weit her, die Heimat hier fand.

Sie brachte nach Deutschland griechisches Denken
von Macht und der Herrschaft in altem Glanz,
sie konnte dem Reich dadurch Frieden schenken
und was ihr widerfuhr, das trug sie ganz.

Hier spürte sie des Pantokrators Walten!
Hier spürte sie Christi Liebe und Licht!
Sie hat ihre Hände offengehalten
und Gottes Frieden auf ihrem Gesicht.

Die Demut prägte ihr weltliches Handeln.
Klöster und Kirchen hat reich sie beschenkt.
So möge sie dort unter Engeln wandeln!
Am fünfzehnten Juni ihrer gedenkt!

Sie hat Gottes Kinder geeint erfahren,
als ungeteilte und fügende Macht.
Da war noch kein Zwist und streute die Scharen,
bis niemand mehr in der Gottesburg wacht!

Was zusammen gehört, das muß sich finden!
Sie gilt als der Ökumene Patron.
Theophano kann Ost und West verbinden,
im Heiligem Geist, im Vater, im Sohn.

Was ist Europa ein Jahrtausend später?
Die Christenheit in Diaspora lebt.
Oh, käme es wieder, das Reich der Väter
und was darum zu tun sei: Danach strebt!

Ezzo von Bärwald

In den dunklen Wäldern der böhmischen Fluren
versteckt sich ein Weiler, den ich wandernd einst fand.
Von dort auf steigt der Weg, den der Küster genannt
und ich folge diesen verwaschenen Spuren.

Der Junitag strahlt und im Kraut brummen Bienen
und der Fingerhut leuchtet im knarzenden Kien
und der Föhrenwald duftet herb nach Terpentin
und ich sehe vor mir die dunklen Ruinen.

Ich schaue bebend auf die moosigen Mauern,
des wüsten Schlosses, das Veste Bärwald man heißt.
Das Haus Markgraf Ezzos und hier wandelt ein Geist,
erzählt man mir abends, im Kretscham, mit Schauern.

Dort tanzen die Heller und das Bier will schäumen.
Dieser labende Trunk jede Zunge befreit.
Ich trinke die Worte, meine Sinne sind weit;
daß die Rede fließt, darf die Wirtschaft nicht säumen.

Ich falle durch Zeiten und schaue die Sage,
ich sehe Burg Bärwald, ihre Türme, das Tor,
ich seh' glänzende Ritter im Kampfspiel davor
und seh' feierndes Volk am Vermählungstage.

Markgraf Ezzo auf Bärwald, der Burg der Väter,
seine Hand schirmt das Kreuz und sein Schwertarm reicht weit.
Er begehrt Rathegunde, um die er auch freit:
Da ist eine Liebe und fragt nicht nach später.

Rathegunde ist Kind vom Stamme der Sorben,
ihre Eltern noch kamen als Heiden zur Welt.
Nun ist dort ein Herr nur am hohen Himmelszelt
und die alten Götter sind ihnen gestorben.

Rathegunde ist Licht am Kranze von Blüten
und ihr blondes Haar schimmert wie lauteres Gold.
Sie ist fromm und in Demut ist Ezzo sie hold,
doch viele sich ihrer vergebens bemühten.

So Dobromir, der Gespan aus Kindertagen,
mit dem finsteren Blick und der listigen Hand,
dessen Elternhaus nah in der Nachbarschaft stand:
Er kann, voller Grimm, den Verlust nicht ertragen.

Er wähnt sie die Seine seit den Kindeszeiten
und sein sind die Ränke und ein finsterer Plan.
Über Brand und Totschlag geht er für seinen Wahn:
Als Braut darf nach Hause nur er sie geleiten!

Am Tage der Hochzeit, da soll es geschehen:
Alle Götter der Ahnen Dobromir beschwor
und er grimme Gesellen als Knechte erkor,
die gewetzten Messers im Hinterhalt stehen.

So reitet frühmorgens mit seinen Getreuen,
Graf Ezzo von Bärwald, des Kreuzes ein Krieger,
zum Felstal hinüber, zur Wallburg der Schwieger.
Es ist eine Welt, um sich ihrer zu freuen!

Der Graf ist ganz vorn, wie ein Adler im Fluge,
das Visier ist offen, auf dem Rücken der Schild,
seine Hand liegt am Schwertknauf, das Auge blickt mild
und ein Liebeslied schallet voraus dem Zuge.

Sagt, was Dobromir wob, wird es gelingen
und bedachte er aller Gottheiten Gewalt?
Schon erklingt Hufgetrappel von fernher im Wald
und man hört Ezzo mit seinen Mannen singen.

Sagt, drangen zum Windgotte Dobromirs Klagen?
Jüngst gab er ein Zicklein ihm nachts am Opferstein.
Doch fahren dunkle Wolken in den Tag hinein
und wird so Markgraf Ezzo vom Blitz erschlagen?

Sagt, hörte der Wassergott Dobromirs fluchen?
Jüngst gab er zwei Fohlen ihm nachts am Opferstein.
Doch rollen dunkle Fluten in das Tal hinein,
daß Ezzo ersäuft und er braucht ihn nicht suchen?

Sagt, hörte der Donnergott Dobromirs Drohen?
Jüngst gab er vier Kälbchen ihm nachts am Opferstein.
Doch wird nun zu Feuer der rote Abendschein
und versinkt Schloß Bärwald im gierigen Lohen?

Sagt, hörte die Erdmutter Dobromirs Bitten?
Jüngst gab er acht Lämmer ihr nachts am Opferstein.
Doch fährt Ezzo nun in den Höllenschlund hinein,
wenn sie ihren Schoß öffnet, zur Erde Mitten?

Von alledem nichts, seine Götter versagen.
Von alledem nichts, war sein Opfer noch zu klein?
Er fragt sich, dann soll es, Rathegunde gar sein?
Und wieder wird er aus dem Hinterhalt schlagen.

Er beschwört seinen Mut, nun muß er es zwingen!
Seine Mordbubenschar auf der Lauer schon liegt,
an den Pferdehals die schwarze Larve geschmiegt,
die Hufe umwickelt, gezogen die Klingen.

Am Hohlwege nun ballt sich alles im Rauche,
liegen Bäume, als Hemmnis gefällt, ringsumher
und in das Chaos hinein fliegt Dobromirs Speer:
Mit dreifalt Überzahl springt es aus dem Strauche!

Doch Ezzo gibt Achtung, die Ritter formieren
im Kreis, bis jeder des Anderen Rücken deckt.
In ihren Kehlen ein zorniger Schlachtruf steckt:
Ihr Herz ist beim Herrn, sie werden nie verlieren.

Graf Ezzo führt sicher die tödlichen Waffen
und er watet mit blutigem Schwerte durch Blut.
Die Prätorianer treibt die flammende Wut,
weil zu diesem Tanze nur sind sie erschaffen.

Ins Wanken geraten nun Dobromirs Reihen.
Wer nicht rechtzeitig flieht, der wird niedergemacht,
auch der grimme Gesell stiehlt sich still aus der Schlacht
und bis dorthin verfolgt ihn Röcheln und Schreien.

Doch jäh trifft ein Pfeil noch in Dobromirs Beine.
Es war Ezzos Bogen; Ezzos Auge und Hand,
die unter den Eichen ihm die Schlinge dann band
und auf Ezzos Geheiß zieht man an der Leine.

Und sterbend flucht Dobromir des Grafen Lenden,
doch schweigend schaut Ezzo das brechende Gesicht.
fest im Glauben an Gottes himmlisches Gericht
schlägt er das Kreuz. Er weiß: Dies Wort wird nichts wenden.

Noch am selbigen Tag freit er Rathegunde.
Die Kapelle der Burg ist mit Rosen geschmückt.
Er hebt ihren Schleier, hält sie an sich gedrückt
und er gibt einen Kuß dem geliebten Munde.

Die Ehe wird glücklich, sechs Kinder am Leben;
sie spielten in Freiheit auf der Burg und im Wald
und sie wurden im Frieden dort größer und alt.
Es lag Gottes Segen auf Bärwalder Streben.

Und nach Prag gehen alle zum Königshofe.
Sie geben der Krone Böhmens ihr Herz und Hand,
dienen als Priorin, Diplomat und Dechant
und werden Marschall, Truchseß und Kammerzofe.

Rathegunde stirbt lange vor ihrem Gatten,
der in seiner sechsundachtzigsten Osternacht
ihr folgt, so daß niemand mehr auf Schloß Bärwald wacht,
dessen Mauern langsam versinken im Schatten.

Schon lang liegt die Grenze viel weiter im Osten.
Manch neuer Burgherr kam und suchte dort sein Glück,
doch brachte man ihn später toll nach Haus zurück.
Die Burg morscht und modert, die Angeln verrosten.

Keine Menschenseele auf Bärwald will leben,
weil ein röchelnd' Gespenst dessen Hallen durchschleicht,
ein Schatten, der dem Stöhnen nach Dobromir gleicht:
Seinen Fluch kann der Himmel noch nicht vergeben.

Geschichte lebt weiter, Jahrzehnte verstreichen.
Schon den Stab in der Hand, dacht' ich morgens daran,
als ich ziehend grüßte nach Schloß Bärwald hinan:
Mein Gott schütze Böhmen, du Land ohne Gleichen!

Inhalt